물 부족 시대가 정말로 올까?

민음 바칼로레아 037

물 부족 시대가 정말로 올까?

바즈켄 앙드레아시앙 · 장 마르가 Ⅰ 이강근 감수 Ⅰ 이수지 옮김

민음in

차례

● 일러두기

1 본문 가장자리에 있는 사과 🍎 는 이 책을 통해 반드시 이해해야 하는
　핵심 개념을 표시한 것입니다.
2 본문 아래쪽의 주는 독자들이 본문 내용을 쉽게 이해할 수 있도록 한국어판에 특별히 붙인 것입니다.
3 인명 및 지명 표기는 한글 맞춤법 통일안 및 외래어 표기 규정을 따랐습니다.
4 본문에 사용한 부호 및 기호의 뜻은 다음과 같습니다.
　— 전집, 단행본: 『 』
　— 신문, 잡지: 《 》
　— 개별 작품, 논문, 기사: 「 」

질문 : 물 부족 시대가 정말로 올까?

머지않아 물 부족 시대가 찾아올 수 있다는 우려의 목소리가 텔레비전이나 신문을 통해 자주 흘러나오고 있다. 사실 이 문제가 아직까지는 모두에게 심각하게 느껴지지 않을 수도 있다. 물 부족으로 인한 어려움을 직접적으로 겪어 본 적이 그다지 없기 때문이다.

하지만 우리는 당장 마실 물이 부족하여 생명의 위협을 받을 정도로 곤란을 겪고 있는 몇몇 나라들을 잘 알고 있으며, 이는 점점 세계적인 문제로 확산되어 가고 있다. 게다가 우리가 그 심각성을 인식하지 못하는 사이 우리나라 또한 물 부족 국가 로 분류되고 말았다.

따라서 물 부족 시대가 과연 올 것인가 하는 우려 가득한 이

질문은 더 이상 지나친 억측도 아니고 과민 반응이라고 무시할 일도 아니다. 물 부족 현상은 이제 세계적으로나 국가적으로 대단히 중요한 화두가 되고 있다. 뿐만 아니라 물 부족 시대에 대한 예측과 대비책 등도 각종 미디어에서 매우 다양한 방식으로 다뤄지고 있다.

물 부족 현상에 대해서는 여러 가지 이유가 거론되고 있다. 지구 온난화 현상˚으로 인해 바다나 강의 수위가 달라졌다는 의견이 있는가 하면, 지구 온난화와 상관없이 강수량이 크게 감소했기 때문이라고도 한다. 혹은 인구 증가의 측면에서 물 부족의 원인을 찾기도 한다. 왜냐하면 인구가 늘어날수록 한

● ● ●

물 부족 국가 유엔 국제 인구 행동 연구소(PAI)에서 전 세계 국가를 대상으로 평가해 물이 부족하다고 분류한 나라다. 이 연구소의 분석에 따르면 연간 물 사용 가능량이 1,000세제곱미터 미만은 물 기근 국가, 1,000~1,700세제곱미터는 물 부족 국가, 1,700세제곱미터 이상은 물 풍요 국가로 분류된다. 한국은 연간 강수량이 세계 평균보다 높지만, 국토의 70퍼센트 정도가 급경사의 산지로 이루어져 있고, 강수량의 대부분이 여름철에 집중적으로 내리는 호우일 뿐 아니라 인구 밀도가 높아서 1인당 강수량도 세계 평균의 12퍼센트밖에 되지 않는 것으로 나타났다.

지구 온난화 현상 이산화탄소와 같은 온실 기체에 의해 지구의 평균 기온이 올라가는 현상이다. 20세기에 들어서면서 석탄이나 석유 같은 화석 연료를 사용하는 양이 증가하고, 무분별한 벌채로 산림 자원이 크게 줄어들게 되었다. 이로 인해 이산화탄소의 증가와 대기 오염 현상으로 지구의 온난화가 가속되고 있다. 지구 온난화가 계속되면 생태계가 파괴되고 농작물의 수확량이 줄어드는 등 지구 전역에 광범위한 피해가 속출할 것이다.

사람이 쓸 수 있는 물의 양도 그만큼 줄어들기 때문이다.

인간이 물을 자원으로 활용하고 있다는 점을 염두에 두고 생각해 보면 이 문제는 더 심각하다. 자연이 우리에게 제공하는 물의 양과 우리가 필요로 하는 물의 양이 서로 다르기 때문이다. 즉 자연이 우리에게 제공하는 물의 양은 한정되어 있지만 문명과 산업이 발달할수록 사람들은 그보다 더 많은 양의 물을 필요로 하고 있는 것이다.

따라서 물 부족의 원인을 보다 정확하게 알아보기 위해서는 이러한 불균형의 시발점이 무엇인지부터 찾아내야 할 것이다. 이를 위해서는 무엇보다 먼저 복잡한 자원의 개념을 정리하고, 수자원의 특징 또한 정확히 알아야 한다. 그래야만 우리가 사용할 수 있는 수자원의 양이 얼마만큼인지 측정할 수 있기 때문이다.

자연이 우리에게 제공하는 담수°의 양을 파악한 뒤에는 수자원의 지리적 분포에 대해 자세히 살펴보아야 한다. 또한 수자원이 어떠한 곳에 이용되고 있으며 전 세계적으로 어느 정도

● ● ●

담수 염분의 함유량이 적은 물로, 염수에 대응하는 말이다. 빗물이나 수돗물 등이 여기에 해당되는데, 육지에 있는 대부분의 물을 담수로 보아도 무방하다. 단물 또는 민물이라고도 한다.

사용되고 있는지 알아보아야 한다. 마지막으로는 물 부족 시대가 찾아올 경우, 그 위기를 어떻게 극복할 것인지 대비책도 함께 생각해 보자.

1

물은 자원에 속할까?

물도 자원이라고 할 수 있을까?

자원의 양을 측정하려면 우선 그 자원의 성질을 이해해야한다. 물도 인간 생활이나 경제 생산에 이용되는 중요한 자원중 하나다.

우리가 사용할 수 있는 물의 양을 정확히 파악하기 위해서는 무엇보다 수자원으로서 물이 가지고 있는 특징을 분명히 알고 있어야 한다. 지금처럼 물 부족 사태가 염려되는 상황에서수자원의 특징을 파악하는 것은 시기적으로 보아도 매우 중요하다.

수자원이란 무엇일까?

프랑스 어 어원을 살펴보면 물은 인간의 대표적인 자원임을 알 수 있다. 프랑스 어로 자원을 의미하는 '르수르스(ressource)'란 단어는 '분수 따위가 솟구쳐 오르다, 분출하다'의 뜻을 지닌 동사인 '르주르드르(resourdre)'에서 나왔기 때문이다. 그런데 이 '르수르스(ressource)'라는 단어 속에는 '수단', '방법'이라는 뜻이 포함되어 있어서, 오랫동안 '경제적 수단'의 의미로만 사용되었다.

수자원이라는 개념이 새롭게 등장한 것은 20세기 초반에 이르러서였다. 지구의 수명이 다할 때까지 한없이 넘쳐 날 것 같던 물이 부족해질 수도 있다는 위기의식과 함께, 이제는 그 양을 정확히 파악해야 한다는 것을 깨닫게 되면서 물을 소중한 자원의 하나로 보기 시작한 것이다.

물을 채취하거나 저장할 뿐 아니라 다른 곳까지 운송하기 위해서는 효율적으로 관리할 수 있는 기반 설비가 필요하다. 물론 이 같은 설비를 갖추기 위해서라도 자연이 제공하는 물의 양을 가능한 한 정확히 파악할 필요가 있다. 물론 이 일은 수문학자˚들과 수문 지질학자˚들의 몫이다. 그들의 정확한 측량과 계산은 우리가 물을 자원의 하나로 이해하고 그 가치를 규정하는 데 많은 도움을 줄 것이다. 물을 어떻게 이용할 것인지는 그 다음의 일이다.

물은 어떤 특성을 지니고 있을까?

물은 석탄이나 광석 같은 광물 원료와는 분명히 다르다고 할 수 있다. 우리는 먼저 다른 원료들과 물의 차이점을 바로 이해해야 한다. 과연 어떤 점에서 물이 다른 원료들과는 그 성질이 다른 것일까?

첫째, 물은 대부분 자연적 주기에 의해 계속해서 순환한다. 바닷물은 증발하여 구름을 형성하고, 구름은 비나 안개, 혹은 눈의 형태로 땅으로 내려와 강과 지하수를 이룬다. 그리고 다시 바다로 되돌아가게 된다.

● ● ●

수문학자 물이 어떤 식으로 생겨나고 순환하며 분포하는지 연구하는 학자다. 물의 물리 화학적 성질과 물이 환경에 미치는 작용, 그리고 물과 생물의 관계에 대해 탐구하며, 특히 지구 표면에 흐르는 물과 강이나 호수에 대해 관심을 가진다.
수문 지질학자 수리 지질학자라고도 한다. 수문학자와 같이 지구상에 있는 물을 연구하는 학자다. 물의 생성, 순환, 분포에 대해 연구하는데, 그중에서도 대수층 속에서 순환하는 물을 전문적으로 연구한다.

둘째, 물의 기능은 주변에 있는 모든 요소들과 서로 긴밀하게 연결되어 있다. 간단히 채취하여 얻어 낼 수 있는 다른 원료들과는 그 성격이 분명히 다르다. 예를 들어, 광물 자원은 유형적이어서 매장량과 사용량을 쉽게 측정할 수 있지만 물은 다른 환경과 긴밀한 관계를 형성하고 있고 곳곳에 스며 있기 때문에 사실상 측정이 거의 불가능하다.

셋째, 물은 무엇도 그 기능을 대신할 수 없을 만큼 중요한 가치를 지니고 있다. 지구에 존재하는 모든 생명체에게 꼭 필요한 자원일 뿐만 아니라 수중에서 살아가는 모든 생명체의 삶의 터전이 되기 때문이다.

넷째, 바닷물에서 여러 가지 염류를 제거하는 탈염 과정을 통해 담수가 무한정 재생산될 수 있다.

다섯째, 물은 사용된 후에도 그 근원지에 많은 영향을 미친다. 여러 용도로 사용된 물의 일부 혹은 대부분이 그것이 왔던 곳으로 되돌아가는 과정을 거치기 때문이다.

앞에서 제시된 다섯 가지 이유를 살펴본 결과, 이제 물은 다른 자원과는 자원으로서의 성질이나 기능이 무척 다르다는 것을 알 수 있다. 또한 현대를 살아가고 있는 우리에게 수자원이 얼마나 가치 있고 특별한지도 알게 되었다.

물은 재생이 가능할까?

수자원의 가장 흥미로운 특징은 재생이 가능하다는 점이다. 강물은 아주 오래전부터 흘러왔고 앞으로도 꾸준히 흐를 것이다. 이유는 간단하다. 비가 일정하게 내리면서 강과 하천을 마르지 않게 계속 채워 주기 때문이다. 덕분에 하천의 물은 항상 다시 생겨나고, 재생이 가능한 자원이 되는 것이다.

물은 지하 깊은 곳에서 **대수층**을 이루기도 한다. 이 물은 고여 있지 않고 여느 물처럼 흐르며 이동하는데, 땅 위의 물과 마찬가지로 하천이나 바다 쪽으로 흐른다. 매년 땅속에 스며든 물은 이렇게 대수층을 채우고 다시 바다로 흘러간다. 다시 말해서 지하수도 지표수와 마찬가지로 정기적으로 그 유량이 채워진다고 할 수 있는 것이다. 따라서 우리는 지하수 자원도 재생이 가능한 자원이라는 것을 알 수 있다.

여기서 물이 땅속이든 땅 위든 계속 흐르고 있다는 사실에 주목할 필요가 있다. 비록 그 속도는 조금씩 다르겠지만 하천의 물은 좁은 길을 빠르게 여행하고, 지하수는 넓은 길을 천천히 여행하는 것이라고 생각하면 이해가 쉬울 것이다.

위에서 말한 **재생 가능성**은 수자원의 양을 측정할 때도 영향을 받는다. 물은 계속 흐르고 있으므로 우리는 일반적으로 초당 세제곱미터로 유량*을 표현한다. 그러나 유량은 계절에 따라 달라지므로 여러 해 동안의 유량을 기초로 계산된 평균 유량, 즉 **표준 유량**을 사용한다. 표준 유량은 하천의 물이 일정한 속도와 양으로 흐른다고 보았을 때, 언제나 하천 바닥에서 흐르고 있는 물의 양을 말한다. 물론 하천의 표준 유량은 어느 곳에서 측정하느냐에 따라 다르다. 예를 들어 프랑스 루아르 강의 표준 유량은 오를레앙에서 초당 360세제곱미터이지만 하구 가까이에 이르러서는 초당 850세제곱미터가 된다. 프랑스에서는 론 강의 유량이 가장 풍부한데, 하구의 삼각주*에 도달하기 직전인 보케르에서는 표준 유량이 초당 1,700세제곱미터에 달한다. 이처럼 같은 하천이라도 위치에 따라 표준 유량이 각각 다르다.

최대 표준 유량 기록은 아마존 강이 보유하고 있는데, 자그

• • •

유량 하천이나 개수로 또는 관 속을 흐르는 액체 등에 대하여, 그 횡단면을 단위 시간 내에 통과하는 수량, 즉 흐르고 있는 물의 양이다. 유량을 측정하는 방법으로는 둑에 의한 방법, 용적법, 면적 유속법 등 여러 가지가 있다.

삼각주 하천의 상류와 중류에서는 물이 흐르는 속도가 빠르기 때문에 흙이나 모래가 쉽게 운반된다. 그러나 하류로 갈수록 물의 속도가 느려지기 때문에 떠내려온 흙과 모래가 강의 하구에 쌓이게 되는데, 이렇게 이루어진 충적 평야가 바로 삼각주다. 대체로 삼각형 모양을 이루고 있으며, 삼릉주라고도 한다.

마치 초당 11만 세제곱미터가 넘는다. 반면에 건조한 지역에는 초당 1세제곱미터 이하로 흐르는 작은 강도 많다.

흔하지는 않지만 수천 년 혹은 수만 년이나 된 지하수 자원도 있다. 다만 이런 경우는 물이 다시 보충되는 속도가 너무 느려서 유량을 정확하게 파악하기가 어렵다. 하지만 이런 대수층 역시 우리가 사용할 수 있는 자원이며, 이것을 **화석수**라고 부른 다. 화석수는 일반적인 대수층의 지하수와는 몇 가지 다른 특 징을 가지고 있는데, 먼저 유량으로 계산하지 않고 석유처럼 부피로 계산한다. 채취하는 방법 또한 석유를 채취할 때와 비 슷하기 때문에 '수자원의 광산 채굴'이라고도 한다. 이러한 화 석수는 사우디아라비아와 리비아를 비롯한 몇몇 국가에만 분 포한다.

흐르는 물과 저장된 물

우리는 보통 흐르는 물을 재생 가능한 수자원이라고 말한 다. 이때 호수, 일부 지층 속, 그리고 저수지에 고인 물인 담수 **보유량**도 포함된다. 보유량은 때로 저장량이라고도 불린다. 하 지만 물은 재생이 가능한 자원인 만큼, 일반적인 의미에서의 자원의 저장량과 물 저장량의 의미를 혼동하지 않도록 주의할 필요가 있다. 광석과 석유 같은 경우에는 사용할 수 있는 자원의 양이 곧 저장량이지만 수자원은 개념이 조금 다르다. 가령 유량이 부족하거나 넘치는 경우에 보유된 담수를 꺼내어 해결한다고 하자. 이때 이 담수는 재생이 가능하기 때문에 저장되어 있는 광석과는 다른 성격의 자원인 것이다.

수자원을 잘 관리하려면 유량과 보유량을 잘 구분해야 한다. 유량과 보유량을 구분하면 그 둘 사이의 불균형 역시 이해할 수 있기 때문이다. 예를 들어 물을 많이 보유한 나라는 보유량이 많은 반면 흐르고 있는 재생 가능한 수자원이 상대적으로 빈약해 보일 수 있다. 반대로 물 보유량이 적은 나라가 유량이 풍부해 재생 가능한 수자원이 넉넉하게 보일 수 있다. 이것이 유량과 보유량의 불균형이다.

이를 우리 주변에서 일어날 수 있는 일과 비교해 보자. 월 1,000유로의 수입이 있는 어떤 사람이 1,000만 유로짜리 성을 상속 받았다면 그는 부자라고 할 수 있다. 한편 아무런 상속을 받지 않았지만 월 1만 유로의 수입이 있는 사람도 부자라고 할 수 있다. 그런데 둘 다 부자라고 해도 두 사람의 부는 조금 다르다. 한쪽은 보유한 자산은 크지만 매월 자유롭게 쓸 수 있는 돈이 적고, 다른 한쪽은 보유한 자산은 없어도 매월 마음껏 사용할 수 있는 돈이 많다.

유량과 보유량을 여기에 접목시키면 좀 더 쉽게 이해가 될 것이다. 수입은 많지 않지만 금고가 가득한 첫 번째 부자는 지하수가 있어 유량은 적지만 보유량이 풍부한 경우를 뜻한다. 그리고 금고는 텅 비었지만 수입이 많은 두 번째 부자는 지표수 위주가 되어 보유량이 적고 유량이 많은 경우를 뜻하는 것이다.

유량은 변할 수 있을까?

유량은 일정하지 않고 늘 변한다. 그 때문에 물을 사용하는 우리는 때때로 물 부족 같은 어려움을 겪곤 한다. **유량의 변동** 🍎 은 크게 장기적 요소, 계절적 요소, 단기적 요소 등 세 가지로 구성된다. 따라서 어떠한 원인과 요소로 유량이 변동하는지 살펴볼 필요가 있다. 먼저 유량의 변동에 대해서 좀 더 살펴보기로 하자.

유량의 장기적 변동성
유량의 **장기적 변동성**을 설명하기 위해, 유역˚의 면적이 같 🍎 지만 기후 조건은 매우 다른 두 강의 유량 변동을 비교해 보았

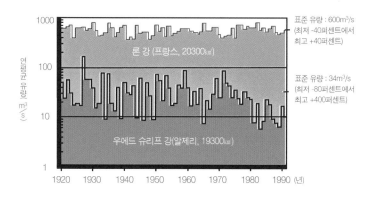

집수 구역의 면적이 같은 프랑스 생 클래르의 론 강과
알제리의 우에드 슈리프 강의 유량 변동

다. 위쪽에 있는 표를 살펴보자.

론 강은 기후 변화가 거의 없는 온화한 지대에 위치해 있어
유량 변동이 크지 않은 반면, 우에드 슈리프 강은 기후가 불안
정한 반건조 지대에 속해 있어서 유량 변동이 크다.

위의 표에서 보듯이 수자원의 양이 매년 달라지는 것은 유
량이 일정하지 않기 때문이다. 하지만 물을 저장할 수 있는 대
규모 댐과 같은 시설이 없는 경우에도 매년 확실하게 쓸 수 있

● ● ●

유역 강물이 흘러드는 주위의 지역을 말하며 집수 구역이라고도 한다. 중심이 되
는 본래의 물줄기뿐 아니라 지류까지 포함하여 하천의 물이 흐르는 언저리 지역
모두를 가리킨다.

는 '보증된' 양이 있다. **보증된 양**이란 대체로 4년 중 3년, 10 🍎
년 중 9년 동안 보유하고 있을 것이라 예상되는 유량을 말한
다. 만약 4년 중 3년 동안 보증된 양을 유량의 한계로 정한다면
론 강의 경우 표준 유량의 80퍼센트, 즉 초당 480세제곱미터를
사용할 수 있고, 우에드 슈리프 강의 경우 표준 유량의 50퍼센
트, 즉 초당 17세제곱미터만 사용할 수가 있다. 이와 같은 변수
때문에 결국 표준 유량만으로는 우리가 사용할 수 있는 수자원
의 양을 정확히 헤아릴 수가 없다.

댐이 많은 몇몇 하천에서는 표준 유량을 전부 사용할 수 있
다. 댐과 저수지에 저장된 물로 유량을 조절할 수 있기 때문이
다. 미국의 콜로라도 강이 그중 하나다. 후버 댐과 그랜드 캐니
언 댐은 대략 4년 반 기간의 평균 유량 즉 680억 세제곱미터를
저장할 수 있다. 나일 강의 아스완 댐 역시 840억 세제곱미터
인 표준 유량의 두 배에 가까운 양인 1,640억 세제곱미터를 저
장할 수 있다. 이렇게 댐을 이용하면 유량을 조절할 수는 있지
만 그만큼의 대가도 치러야 한다. 증발로 인한 물의 손실은 막
을 수 없기 때문이다. 가령 아스완 댐의 경우 증발로 손실되는
수량이 매년 표준 유량의 12퍼센트에 해당되는 100억 세제곱
미터에 달한다.

자연 담수호˚로도 하천의 유량을 댐처럼 효율적으로 조절할

수 있다. 론 강이 흘러들어 가는 레만 호는 저장량의 11분의 1을 차지하는 8.2세제곱킬로미터(8.2×10⁹세제곱미터)의 유량이 재생 가능하다. 또한 앙가라 강이 흘러나오는 바이칼 호는 23만 세제곱킬로미터의 저장량에서 연 66세제곱킬로미터의 재생 가능 유량, 즉 저장량의 350분의 1을 활용할 수 있다.

그러나 지금까지 살펴본 대형 댐이나 대형 호수의 물은 모두 재생 가능한 자원이 아니다. 건조한 해에는 저장된 물을 사용하여 가뭄의 피해를 줄일 수 있지만, 그때 사용한 양만큼 비가 많이 내리는 해에 다시 채워야 한다는 부담이 있기 때문이다.

유량의 계절적 변동성

유량의 **계절적 변동성**은 흔히 하천 유황˚ 때문이다. 프랑스처럼 비교적 작은 나라에도 빙하가 녹아서 생기는 유황에서부터 해양으로 흘러 들어가는 강수 유황에 이르기까지 수많은 유

• • • •

담수호 담수로 이루어진 호수, 즉 염분의 함유량이 1리터 중 500밀리그램 이하인 호수를 말한다. 500밀리그램 이상인 호수는 염호라 하여 구별한다. 지구상에 있는 대부분의 호수가 담수호에 속한다. 특이한 수질이 아니므로 보통 생물이 서식하며 그 종류도 다양하다.

하천 유황 유량의 연간 변동 상황을 의미한다. 이는 강수의 계절적 분포, 유역 분지의 면적이나 지질, 식생 또는 하상의 구배 등의 여러 요인에 의해 결정된다.

황이 있다. 아래에 있는 도표에서 굵은 선이 바로 유황을 나타
낸다.

유량의 단기적 변동성

흐르는 물이 적은 하천은 비가 얼마나 오느냐에 따라 유량
이 크게 달라진다. 이것으로 유량의 **단기적 변동성**을 설명할 수
있다. 아래에 있는 도표는 센에마른에 있는 작은 하천의 월별
유량 변화를 40년이 넘는 기간 동안 측정하여 유량의 단기적
변동성을 계절적 변동성과 비교하여 보여 주고 있다.

아래 표를 보면 유량의 변화가 매우 심하다는 것을 알 수 있

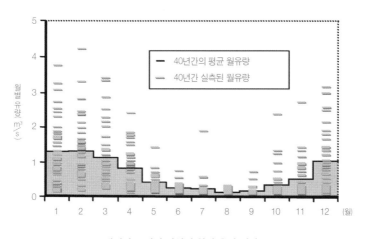

센에마른 내의 하천의 월별 유량 변화

다. 이런 경우에는 물을 저장할 수 있는지의 여부에 따라 사용 가능한 유량이 크게 변할 것이다.

유량이 일정하지 않고 변동이 심할수록 우리가 사용할 수 있는 물의 양도 그만큼 불안정하다. 따라서 수자원을 이용하려는 또 이용하고 있는 우리의 입장에서는 유량을 사용 가능한 자원으로 만들기 위해 더 많은 노력을 기울일 수밖에 없다. 물을 저장해 놓을 수 있는 대용량 저수지와 댐이 필요한 이유가 바로 이것이다. 대규모 홍수로 불어난 어마어마한 유량은 댐이 저장할 수 있는 정도를 넘어서기 때문에 거의 이용되지 못한다.

담수가 모두 사용 가능한 수자원일까?

하천의 유량을 연평균 유량으로 표시하면 마치 인간이 필요할 때마다 전부 쓸 수 있는 것처럼 보인다. 그러나 그것은 그저 환상일 뿐이다. 물을 사용하는 데는 수많은 제약이 따르기 때문이다. 무엇보다 위에서 언급한 유량의 여러 가지 변동성이 바로 물 사용을 어렵게 만드는 대표적인 이유들이다.

게다가 물은 인간만이 이용하는 게 아니다. 수많은 생물들이 물을 터전으로 살아가고 있다는 것을 결코 간과해서는 안

된다. 따라서 유량을 계산할 때는 자연에도 어느 정도 지정 유량*을 남겨 주어야 한다.

여기에서는 우리가 생각하는 것처럼 자연 상태에 있는 물이 모두 사용 가능한 수자원은 아니라는 사실에 다시금 주목해야 한다. 물은 우리가 기술과 경제와 생태계의 모든 방면에서 관리할 수 있을 때만 자원이 되는 것이다. 인간, 자연, 댐이나 저수지 같은 설비 등 모두 물을 필요로 한다. 따라서 물이 얼마만큼씩 분배되는가에 따라 실제로 우리가 쓸 수 있는 자원으로서 물의 양이 결정되는 것이다.

여러 나라에서 조사한 **수자원 예상량**을 살펴보면 대부분 그 영토 안에 있는 담수량 전체를 수자원으로 보고 있다. 이것은 지극히 인간 중심적인 생각이다. 끊임없이 순환하고 재생되는 물의 자연적인 주기 기능을 인류를 위한 자원 공급으로만 바라보는 것은 대단히 위험하고 편협한 시각이다. 자연 상태에 있는 물은 인간뿐만 아니라 자연 생태계를 유지하는 모든 생물과

● ● ●

지정 유량 하천 유지 용수와 동일한 의미이다. 즉 하천의 정상적인 기능을 유지하는 데 필요한 유량으로, 선박 운항, 어업, 하천 경관, 염해 방지, 하천 관리 시설의 보호, 지하 수위의 유지, 동식물의 생태 보호, 하천 수질 보전 등을 고려하여 결정되는 최소한의 하천 유량을 의미한다.

환경의 공유물이다. 따라서 물리적으로도든 경제적으로도든 쓰고 난 후에 다시 충분히 채워질 수 있을 때 그 물이 바로 수자원이 된다는 점을 기억해야 할 것이다.

2

물은 어떻게
이용될까?

물이 영원히 고갈될 수 있을까?

　물은 여타의 자원들과 달리 아무리 사용해도 완전히 고갈되지 않는다. 수증기나 얼음으로 상태가 변한다고 해도 대개 화학적 순도만 변할 뿐이며, 결국 어떤 형태로든 자연의 순환에 따라가게 된다. 그러다가도 어느 정도의 시간이 지나면 다시 우리에게 되돌아오는 것이 물이다.

　이와 달리 석탄 같은 자원은 한번 사용하면 연소되어 이산화탄소와 재로 변하고, 그 뒤로 수백만 년이 흘러야 다시 석탄이 될 수 있다. 석유나 천연가스 같은 자원도 마찬가지다. 따라서 여기에서는 수자원이 우리 주위에서 어떻게 이용되고 어떻게 다시 되돌아오는지 살펴보기로 하자.

수자원은 어떻게 이용되고 있을까?

수자원을 이용하는 방식은 크게 두 가지로 구분할 수 있다. 상수원 안에서 이용하는 것과 상수원 바깥에서 이용하는 것이다.

상수원˚ 안에서 이용하는 경우는 하천이든 호수든 물이 있는 곳에서 직접 물을 이용하는 것이다. 즉 물을 다른 곳으로 옮기지 않는다. 항해, 낚시, 수영 등이 여기에 속하며 전기(수력 발전소) 또는 역학(물방앗간) 에너지 생산도 마찬가지다.

상수원 바깥에서 이용하는 경우는 취수˚가 필요하다. 즉 상수원 안에서의 이용과 달리 하천이나 호수 같은 장소에서 물을 인위적으로 채취하는 것이다. 따라서 물은 그 자연 주기로부터 벗어나게 된다.

여기에서는 상수원 바깥에서 이용하는 경우를 자세히 살펴보려고 한다. 옆에 있는 그림을 보면 상수원 바깥에서 물을 이용하는 단계를 채취된 물의 운반, 분배, 이용으로 나누었다. 수

● ● ● ●

상수원 식수, 농업용수, 공업용수 등을 제공하기 위한 취수 시설이 설치된 지역의 하천, 호수, 지하수 등을 말한다. 즉 식수, 농업용수, 공업용수 등의 공급원이다. 크게는 지표수와 지하수로 분류된다.
취수 강이나 호수에서 물을 끌어들이는 것.

자원은 이런 단계를 거치면서 일부가 증발되고, 그중 일부는 대륙 담수로 돌아가거나 바다로 흘러 들어간다.

통계에서는 상수원 내 이용량을 거의 무시하였다. 물론 이러한 통계에 문제점이 제기될 수도 있다. 가령 가뭄으로 인해 물이 부족한 시기에는 이 두 가지 이용 방식이 서로 영향을 미칠 수도 있기 때문이다.

예를 들어 커다란 선박이 운항되고 있다고 가정하자. 선박의 운항은 상수원 내 이용이기 때문에 엄밀히 말해서 물을 사용하기는 해도 채취하거나 소비하지는 않는다. 따라서 상수원

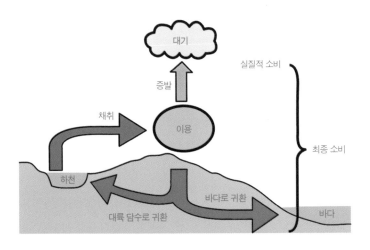

상수원에서의 물 이용 단계

외 이용과 상관이 없는 것처럼 보인다. 하지만 가뭄으로 인해 수위가 낮을 때는 이야기가 달라진다. 선박 운항을 위해서는 최소한 어느 정도의 유량이 있어야 하고, 따라서 상수원 밖에서 이 물을 소비하지 못하게 만들 수도 있다. 그러므로 이런 특별한 경우에는 상수원 안에서와 밖에서 이용하는 두 가지 경우를 한데 묶어 고려해야 한다.

상수원 바깥에서 물을 이용하는 것은 주로 사람들이 채취하거나 소비하는 물에 해당한다. 이때 채취한 물의 일부는 다시 쓸 수도 있기 때문에 **채취량**과 **소비량**을 잘 구분해야 한다.

때로는 채취량과 소비량의 차이가 크게 나타나기도 한다. 화력 발전소의 냉각 시스템이 대표적인 사례이다. 개방 회로형 냉각 시스템의 경우에는 채취한 물의 대부분을 다시금 냉각수로 사용할 수 있다. 즉 채취된 물의 양이 아주 많아도 소비량은 거의 없는 것과 다름없다. 그러나 폐쇄 회로형 냉각 시스템의 경우에는 채취된 물이 다시 사용되지 않고 대부분 소비된다. 물이 모두 증발해 버리기 때문이다. 따라서 채취량보다 소비량을 알아야 물을 이용한 결과에 대해 더 정확히 파악할 수 있다.

하나의 예를 더 살펴보자. 연안 지역에서 어업이나 농업용수로 사용하기 위해 확보한 물의 경우, 만약 채취한 담수를 따로 쓰지 않은 채 바다로 흘려보낸다면 그 물은 다시 사용할 수 없게 된다. 실제로 소비되지는 않았지만 바다로 내보내 쓸 수 없게 되었기 때문에 물을 다 소비한 것과 같다. 이런 이유로 **실질 소비량**과 다를 수도 있는 **최종 소비량**이라는 개념을 끌어올 필요가 있다. 예를 들어 수력 전기를 생산하기 위해 프랑스의 뒤랑스 강˚에서 채취한 물은 베르 늪˚을 통해 바다로 버려진다. 이 경우에는 실질 소비량이 0퍼센트이더라도 최종 소비량은 100퍼센트가 된다. 사용한 물을 바다로 흘려보내는 연안 도시의 경우도 마찬가지다.

수자원을 어떻게 개발해야 할까?

강이나 호수에서 취수한 수자원은 지역 사회의 생활용수와 공업용수, 농업용수, 화력 발전소의 냉각수 등으로 공급된다.

먼저 지역 사회 내에서는 대부분의 수자원이 가정과 직장에서 사용하는 생활용수로 이용된다. 그러나 소규모의 공장 및

●●●●

뒤랑스 강 프랑스 남동부 지역의 하천.
베르 늪 마르세유 시 서쪽, 지중해 연안에 위치.

공공 배수망으로 물이 공급되기도 한다.

규모가 큰 공장들은 필요한 물을 자체적으로 조달할 수 있는 취수 시설을 갖추고 있다. 다시 말해서 공업 분야에서 사용되는 물은 대부분 상수원에서 공장으로 직접 공급된다고 할 수 있다.

또 농업 분야에서는 관개용수 외에도 가축 사육, 양식업의 수요량에 따라 물을 적절히 사용한다.

마지막으로 화력 발전소에서는 전기 에너지를 생산하는 터빈을 냉각시키는 데 많은 물을 이용한다.

세계적으로 발표된 자료들은 대부분 상수원 바깥에서 이용된 물의 양을 나타낸다. 그러나 간혹 몇몇 국가의 통계청에서는 저수지 물의 증발, 하수의 희석, 수중 생태계에서 사용되는 물의 양, 인공 조림˚에서의 사용 등 상수원 안에서 이용되는 부문들을 추가하기도 한다.

＊＊＊

인공 조림 숲을 조성하는 것과 같은 특정한 필요에 따라 씨앗을 뿌리거나 묘목을 심어서 인공적으로 나무를 키우는 일을 말한다.

우리가 사용하는 수자원의 양은 어느 정도일까?

한 국가가 일 년 동안 사용한 물의 양을 알아보기 위해서는 ○○억 세제곱미터라는 절댓값으로 표현하거나 총 국민수로 나누어 표현하는 방법을 사용한다. 후자의 경우에는 국민 1인당 세제곱미터가 단위가 된다. 단 이때는 가정에서 사용한 물의 양뿐만 아니라 모든 부문에서 사용되는 물의 양을 거주민 수로 나누어야 한다.

이 문제에 대해 자세히 검토하기 전에 국가에 따라 얼마나 다양한 물 이용량 지수를 나타내고 있는지 먼저 알아볼 필요가 있다.

다음 장에 있는 표에서는 선진국의 대표 격이라 할 수 있는 프랑스와 미국 그리고 아랍 문화권에 있는 이집트, 국민 1인당 세계 최고 물 이용량을 기록하고 있는 중앙아시아의 투르크메니스탄, 사하라 사막 남부의 부르키나파소, 넓은 영토를 가진 중국 등 환경이 각기 다른 여섯 개 국가의 물 이용량을 비교해 보았다.

각 나라의 연간 취수량과 실질적 소비량, 인구수를 살펴보고, 취수량에 비해 실질적 물 이용량이 나라마다 현저히 차이가 나는 이유가 어디에 있는지 함께 살펴보도록 하자.

국가	총 물 이용량 (km³/년)		2000년 총 인구수 (100만 명)
	취수량	실질적 소비량	
프랑스(2001)	34	6	59
미국(2000)	476	149	285
이집트(1995)	74	43	63
부르키나파소(1996)	0.7	0.4	10
투르크메니스탄(1994)	24	19	4
중국(1997)	557	289	1223
세계	3752	2268	6055

[출처 : 국제 연합 식량 농업 기구(FAO)의 수자원과 농업에 대한 범세계적 정보 시스템 AQUASTAT 데이터베이스]

전 세계 6개국의 물 이용량 비교표

우선 표와 그래프를 통해 알 수 있는 사실은 **물 이용량**이 국가의 개발 수준과는 그다지 큰 관계가 없다는 것이다. 무엇보다 소위 선진국이라고 불리는 미국과 프랑스의 물 이용량의 현저한 차이가 눈에 띈다. 미국은 프랑스와 비교해서 **국민 1인당 취수량**이 세 배이며, **실질적 물 소비량**도 다섯 배나 높다. 미국 서부 건조 지역에 발달한 관개 시설에 많은 물이 사용되기 때

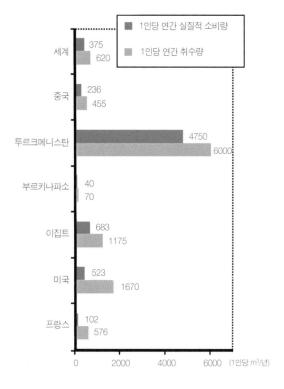

세계 375 / 620
중국 236 / 455
투르크메니스탄 4750 / 6000
부르키나파소 40 / 70
이집트 683 / 1175
미국 523 / 1670
프랑스 102 / 576

■ 1인당 연간 실질적 소비량
■ 1인당 연간 취수량

0   2000   4000   6000   (1인당 m³/년)

6개국의 1인당 물 이용량

문이다.

 중앙아시아에 있는 투르크메니스탄의 국민 1인당 취수량이
다른 나라들에 비해 매우 높은 것도 관개 시설에 사용하는 물
이 원인이라고 할 수 있다. 실제로 표를 보면 실질적 소비량이

취수량의 70퍼센트가 넘는다.

반대로 사하라 사막 남부에 있는 부르키나파소의 국민 1인당 취수량이 지극히 낮은 수치인 것은 관개용수로 쓰이는 물이 거의 없기 때문이다.

관개 시설이 매우 발달한 이집트는 국민 1인당 취수량과 소비량이 미국과 거의 비슷한 수준이다. 하지만 중국은 영토가 어마어마하게 넓은데도 국민 1인당 취수량과 물 소비량이 프랑스와 미국의 중간 정도일 뿐이다. 관개 시설의 비중이 높은 남쪽 지역과 그렇지 않은 북쪽 지역이 모두 포함되어 있기 때문이다.

사실 각 나라의 형편을 놓고 볼 때 국민 1인당 평균 취수량의 많고 적음은 더 이상 아무 의미가 없다고 할 수 있다. 각 나라마다 주어진 환경이 너무나 다르기 때문이다.

그러나 평균적으로 60퍼센트에 달하는 실질적 소비량 대 취수량 비율(프랑스의 경우 이 비율이 18퍼센트이다.)을 살펴보면, 한 사람당 물을 채취하는 양과 실제로 사용하는 양이 크게 차이가 나고 있다는 것을 알 수 있다. 이것은 전 세계적으로 관개 용수에 사용하는 물의 소비량이 점점 많아진다는 것을 의미한다.

다음 장에 있는 그림을 보자. 프랑스와 미국의 분야별 물 소

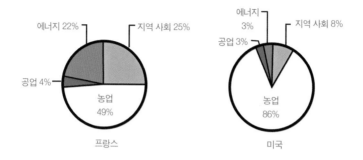

에너지 22%　지역 사회 25%

공업 4%

농업
49%

프랑스

에너지
3%

공업 3%

지역 사회 8%

농업
86%

미국

프랑스와 미국의 분야별 물 사용량

비량의 차이가 자세히 나타나 있다. 우선 물의 소비 양태를 살펴보면 두 나라 모두 농업에 활용되는 물의 비중이 매우 크다는 사실을 알 수 있다. 프랑스는 영토가 넓지 않은 나라인데도 농업에 쓰이는 물이 전국에서 이용되는 물 소비량의 절반에 가깝다.

선진국이라고 하면 으레 공업이 크게 발달하기 때문에 농업보다는 공업 분야에 훨씬 더 많은 양의 물이 소비될 것이라고 생각한다. 그러나 선진국에 대한 우리의 선입견과는 달리 두 나라 모두 공업에 이용되는 물의 비율은 매우 낮은 편이다.

물론 물 소비량만으로 농업과 공업의 비중을 판단할 수는 없을 것이다. 공업으로 인한 오염 물질이 때에 따라 더 많은 물을 오염시킬 수 있기 때문이다. 이런 경우에는 공업으로 인한 물 소비량 수치가 적게 측정된다고 하더라도 실질적으로 오염된 물을 정화하는 데 사용되는 물의 양이 많아진다.

3

수자원의 양은
나라마다 비슷할까?

모든 나라가 공평하게 물을 쓸 수 있을까?

지리적으로 따져 보나 인구 밀도로 따져 보나 세계적으로 수자원이 공평하게 분배되어 있지 않다는 것을 알 수 있다. 이것은 그렇게 놀라운 사실이 아니다. 인구가 많은 개발도상국들이 물 부족 현상으로 얼마나 많은 어려움을 겪고 있는지는 이미 잘 알려져 있기 때문이다.

초기의 인간 사회는 물 분포에 따라 집의 형태나 생활 방식을 맞추었으며 그것을 당연한 것으로 받아들였다. 그에 비하면 오늘날의 사회는 산업화와 도시의 발달로 인해 물이라는 자연환경의 중요성을 제대로 인식하지 못하고 예전과 달리 그로부터 매우 멀어져 있다.

하지만 물이라는 자원에 대해 무관심과 낙관으로만 대처하

던 우리의 둔감한 태도가 거꾸로 인류의 생존에 대한 위험 신호를 불러오게 되었다. 미래 사회로 갈수록 수자원의 분포는 각 나라의 생존 여부를 가름하는 요인이 될 것이다. 즉 수자원을 어느 정도 확보하고 있는지가 나라의 운명을 결정짓게 되는 것이다.

수자원은 어떻게 분포되어 있을까?

국가별로 수자원의 분포를 파악하려면 우선 수자원의 총량을 종합적으로 파악할 수 있어야 한다. 국가별로 그 영토의 크기를 그 나라가 보유한 수자원에 비례하도록 그린 지도로 수자원의 분포 상황을 한눈에 알 수 있다.

48~49쪽에 수록된 변형 지도가 바로 이런 용도로 만들어진 것이다. 이 지도에는 각 나라 안에서 발원한 내부 수자원만 표현했다. 그러지 않으면 여러 가지 혼란이 생길 수도 있기 때문이다. 물은 단 한 번만 소비될 수 있으므로, 여러 나라를 지나는 하천의 경우에는 국경의 양쪽에서 중복해서 측정할 수 없다. 따라서 이 지도는 각국이 소유한 내부 수자원만을 기준으로 해서 수자원 분포 상황을 표현한다.

지도로 알 수 있는 첫 번째 사실은 우선 외부로부터 수자원을 공급 받던 건조한 지역에 위치한 나라들은 거의 눈에 띄지 않는다는 것이다. 외부 수자원에 거의 100퍼센트 의존하는 이집트의 경우가 그러하며, 수단, 파키스탄, 시리아, 이라크 등도 여기에 해당된다.

두 번째로 지표수의 분배가 불평등하다는 것이 드러난다. 아프리카와 오스트레일리아는 크기가 상당히 줄어든 반면, 남아메리카와 중앙아메리카는 훨씬 거대하게 그려진 것을 볼 수 있다.

몇몇 대륙에서는 수자원 대국들이 명확하게 드러났다. 아프리카의 콩고 인민 공화국, 아시아의 미얀마, 오세아니아 대륙의 뉴질랜드와 파푸아 뉴기니, 남아메리카의 브라질, 페루, 콜롬비아 등이 얼마나 많은 양의 수자원을 보유하고 있는지 지도를 통해 알 수 있다.

이 지도는 각 나라의 수자원에 대해 많은 사실을 알려 주고 있지만, 사실 그 기초 자료에는 한계가 있다. 국가적 차원에서 통계를 낸 것이기 때문에 인도네시아나 뉴질랜드처럼 섬으로 이루어진 나라들은 각 섬이 보유한 수자원의 양을 정확히 파악하고 있지 않다. 미국의 알래스카 주를 비롯하여 나머지 주의 경우도 마찬가지다.

국가별 보유 수자원에 따른 변형 지도

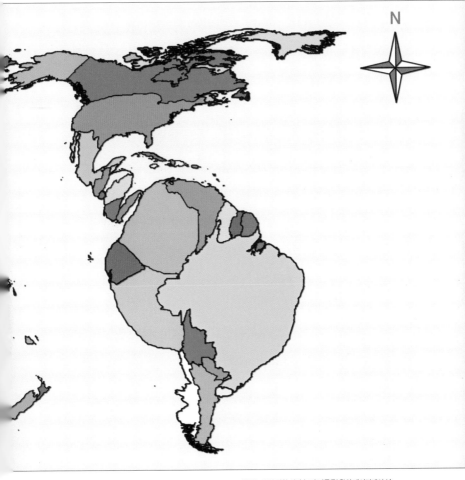

더욱이 이 지도는 인구를 비교하고 있지 않다. 인구를 비교하면 각 나라마다 국민 1인당 사용하는 평균 수자원의 양이 매우 큰 차이를 나타낼 것이다. 몰타와 가자 지구의 경우 국민 1인당 평균 수자원의 양이 연간 100세제곱미터 이하이며, 알래스카 주, 프랑스령 기아나 등은 연간 1백만 세제곱미터 이상이다.

우리나라의 수자원은 어떻게 분포되어 있을까?

우리나라의 수자원은 어떻게 분포되어 있는지 함께 살펴보자. 우리나라는 **연간 강수량**이 1,283밀리미터로, 세계 강수량의 평균인 973밀리미터에 비해 많은 편이다. 그래서 다른 나라에 비해 수자원이 매우 넉넉한 것처럼 보인다. 하지만 비교적 산지가 많은 데다가 국토 면적이 좁고 인구 밀도도 높은 편이라서 **국민 1인당 강수량**은 세계 평균 강수량에 훨씬 못 미치는 상황이다.

따라서 도입 부분에 언급되었듯이 우리나라는 전 세계적으로 볼 때 물 부족 국가로 분류되고 있다. 게다가 실제로 사용할 수 있는 물의 양 또한 전체 수자원의 26퍼센트에 불과하다. 많은 양의 물이 증발하여 손실되고, 홍수 등으로 인해 바다로 흘러 들어가 버리기 때문이다.

수자원을 관리하는 데도 큰 어려움이 따른다. 연도별, 지역별, 계절별로 강수량의 차이가 크고 변화가 심하기 때문이다. 우리나라는 지형적인 영향으로 홍수와 가뭄이 반복되기 때문에 해마다 강수량이 크게 변한다. 가뭄에 관한 기록을 살펴보면 같은 기간 동안 내린 비의 양이 연도에 따라 매우 다르다는 것을 알 수 있다. 아래의 홍수에 관한 사례들을 보아도 강수량이 얼마나 불규칙한지 확실하게 알 수 있다.

——시간당 최대 강우량 : 145밀리미터(1998. 7. 31. 전남 순천)
　　→ 연 강수량의 11.4퍼센트에 해당
——하루 최대 강우량 : 870.5밀리미터(2002. 8. 31. 강원도 강릉)
　　→ 연 강수량(2066.2밀리미터)의 42.1퍼센트에 해당
——1년 최대 강우량 : 2697.6밀리미터(2002년 대관령)
　　→ 평년 강수량(1717.2밀리미터)의 1.57배에 해당

2002년 8월 31일 강원도 강릉 지역에 내린 비는 870.5밀리미터로, 그해 강수량 전체의 42.1퍼센트에 해당된다. 그날 하루 사이에 내린 비가 일 년 동안 내린 비의 거의 절반에 이르는

양이다. 홍수는 장마나 태풍 등과 함께 대부분 여름철에 발생하기 때문에 그로 인해 계절에 따른 강수량의 차이는 훨씬 심해진다고 볼 수 있다. 또한 장마나 홍수는 특정한 지역에 집중적으로 찾아오기 때문에 강수량의 지역별 차이를 불러일으키는 원인이 되기도 한다.

지역별 또는 연도별 강수량이 일정하지 않다는 것은 하천에 흐르는 물의 양이 일정하지 않다는 말과 같다. 우리나라의 대표적인 하천을 다섯 개 정도 선별해서 세계의 여러 하천들과 세밀하게 비교해 보았다.

(1998년 기준)

하천명	유량 변동 계수	하천명	유량 변동 계수
한강	90	양자강	22
낙동강	260	메콩 강	35
금강	190	갠지스 강	35
섬진강	270	나일 강	30
영산강	130	템스 강	8

[출처 : 물 생명 그리고 환경(2001, 건설 교통부, 한국 수자원 공사)]

유량 변동 계수

왼쪽의 표에서 **유량 변동 계수**가 큰 것은 말 그대로 흐르는 물의 양이 크게 변한다는 뜻이다. 우리나라의 하천들은 대부분 유량 변동 계수가 크다. 강수량의 변동이 커서 그에 따라 물의 양도 크게 불거나 줄어들기 때문이다. 이렇게 되면 가뭄 때 하천의 물이 줄어들기 때문에 물을 사용하는 데 많은 곤란을 느끼게 된다. 따라서 물을 안정적으로 사용하려면 우리나라의 강수량과 수자원이 갖는 특성을 정확하게 분석한 뒤, 댐을 건설하거나 하천을 정비하는 등의 노력을 보다 체계적으로 해 나가야 할 것이다.

연도	강우량 5월~7월 (mm)	강우 일수		저수율		고 갈 저수지 (개소)	가뭄 면적 (ha)	가 뭄 피해액 (억원)	가 뭄 대비책 (억원)
		일수	빈도	퍼센트	빈도				
1967	307.4	56	7	5	25	—	420,547	6,266	58
1968	122.2	72	50	4	30	—	470,422	7,009	56
1981	658.2	50	5	46	2	5,306	145,547	2,167	518
1982	300.8	54	7	27	7	13,593	231,244	3,445	483
1994	231.3	68	30	15	15	6,728	113,300	—	684

우리나라의 주요 가뭄 피해 현황

　위의 도표는 우리나라의 주요 가뭄 피해 현황에 관한 것이다. 1967년이나 1968년도에 비해 1982년과 1994년의 상황을 보면 가뭄으로 인한 피해가 훨씬 줄어든 것을 알 수 있다. 강우량은 여전히 일정하지 않지만 강우량의 얼마 정도를 저장하느냐에 따라 그해 가뭄 면적이나 가뭄 피해액이 크게 줄어드는 것이다.

따라서 홍수나 가뭄과 같은 특정 상황에서도 물을 보다 안정적으로 사용하려면 수자원의 특성을 정확히 이해할 뿐 아니라 보다 효과적인 활용 방안들을 함께 고려해야 할 것이다.

4

수자원은 어떻게 위협받고 있을까?

인구 증가가 물 부족 현상에 영향을 미칠까?

인구가 증가하면 상대적으로 수자원은 부족해질 수밖에 없다. 세계 총 유량을 세계 인구수로 나누어 보면 국민 1인당 수자원의 양이 1970년에는 12,900세제곱미터였는 데 반해, 1995년에는 국민 1인당 7,700세제곱미터, 2005년에는 국민 1인당 6,800세제곱미터로 줄었다는 것을 알 수 있다. 이렇게 가다 보면 2050년에는 국민 1인당 5,000세제곱미터 이하로 내려갈 수도 있다. 물론 수자원과 인구 분포가 나라마다 다르기 때문에 이것은 그저 하나의 효과적인 예시일 뿐이다.

그러나 근래 들어 수자원 문제가 심각해진 국가들을 보면 상황이 더욱 악화되고 있다는 것을 알 수 있다. 더구나 현재 인구 증가는 습한 지역보다 건조한 지역의 국가에서 더욱 빠르게 진행되고 있기 때문에 그 심각성을 이루 말할 수가 없다.

그런데 앞에 인용한 수치들은 하천과 호소수° 그리고 지하수의 유량만 취급한 것이다. 이 책의 앞부분에서 살펴봤듯이 유량이 그대로 다 수자원이 되는 것은 아니다. 우리가 사용할 수 있는 수자원은 일부에 지나지 않으며 그 비율을 높이기도 쉽지가 않다. 비율을 높이기 위해서는 저수지와 댐을 더 건설하여 물을 저장할 수 있도록 해야 한다. 그러나 적절한 장소를 찾기도 쉽지 않고 건설 비용도 만만치 않은 것이 현실이다 .

그뿐만 아니라 일부 개발도상국에서는 인구 증가와 더불어 환경오염이 증가해 이용할 수 있는 수자원이 점점 줄어들고 있다. 사전에 정화 처리를 거치지 않고 버려진 하수는 희석되면서 많은 분량의 물을 사용하게 된다. 이때 사용된 물은 상수원 바깥에서 이용하는 것조차 불가능하게 되어 자원에서 제외되는 것이다.

마지막으로 인구가 증가하면 할수록 사람들이 필요로 하는 물 또한 증가할 수밖에 없다. 이와 같은 취수량의 증가는 취수원을 공유하는 국가들 간에 분쟁을 불러일으킬 수 있다. 그렇

● ● ●

호소수 하천 또는 계곡에 흐르는 물을 댐 또는 제방 등을 쌓아 가두어 놓은 물.

게 되면 인접 국가들 간의 협력은 어려워질 것이며, 분할된 자원을 적절히 활용할 수도 없게 될 것이다. 따라서 우리는 미리 현재와 미래의 물 분쟁지를 연구해 대책을 마련해 놓아야 한다. 그것은 수리학˙ 뿐 아니라 지정학의 몫이기도 하다.

사실 국제적인 물 분쟁 근원지들은 이미 잘 알려져 있다. 나일 강 유역(이집트와 에티오피아의 대립), 티그리스 강 및 유프라테스 강 유역(터키, 이라크, 시리아의 대립), 인더스 강 유역(파키스탄과 인도의 대립), 요르단 강 유역(이스라엘, 팔레스타인, 시리아, 레바논의 대립) 등이다.

기후 변화가 유량을 바꿀 수 있을까?

앞서 본 것처럼 수자원의 양은 기후에 따라 크게 달라지기 때문에 당연히 기후의 변화에 민감하다. 그러나 지구 온난화에

● ● ●

수리학 수로나 하천, 운하 등 물의 흐름에 대하여 역학적으로 연구하는 학문을 말한다. 물에 관한 역학 중에서도 특히 토목 공학에 관한 분야로, 물에 관한 기초 이론 외에도 댐의 수압, 하천의 홍수, 배수관의 유량, 오수의 처리 등 응용 범위가 매우 넓다.

서부터 강우량, 유량의 변화 등 그 원인에서 결과로 연결되는 과정이 그리 간단하지는 않다. 현재 수많은 연구들이 진행되고 있어도 지구 온난화 현상이 수자원에 어떤 영향을 미칠지 정확히 예상하기는 어렵다. 전반적인 경향에 관한 것은 짐작할 수 있지만, 기후 변화로 인한 유량의 변화가 어떠한 분포를 띨 것이며 어떤 식으로 찾아올 것인지는 분명치 않다. 그러나 다음과 같은 추세에 대해서는 연구자들 모두 의견을 같이한다.

첫째, 수자원의 세계적인 분포에는 큰 변화가 없지만 건조지대와 습지대 간의 차이는 더 심해질 것이다. 수자원이 부족한 지역일수록 앞으로 그 양이 감소할 확률도 더 높다.

둘째, 곳곳에서 유량의 변동성이 더 커질 것이다. 평균 강우량이 같더라도 건조한 해와 습한 해가 더 잦아지거나 여름보다 겨울에 비가 많이 내리는 것과 같이 그 변동이 심해져서 사용할 수 있는 유량이 더 줄어들지도 모른다.

그러나 이 모든 추세를 두고 가늠해 본다 해도 앞으로 올 변화의 정도나 속도에 대해 명확히 말하기는 아직 이르다고 할 수 있다.

물 부족으로 인한 비극이 실제로 벌어질까?

미래의 물 사용량과 그 수요에 대한 예측을 토대로 하여 우리는 물 부족 가능성을 예상할 수 있다. 오늘날 검증된 사실들을 토대로 살펴보면 과거의 예측안들은 일반적으로 그 예측 정도가 지나쳤다. 아래 도표에 나오는 미국의 예를 보면 1980년 이후의 추세가 예상과 다르게 변한 것을 알 수 있다.

이런 과대평가 현상은 미래를 예측하는 연구에서는 자주 있는 일이다. 도대체 그 이유가 무엇일까?

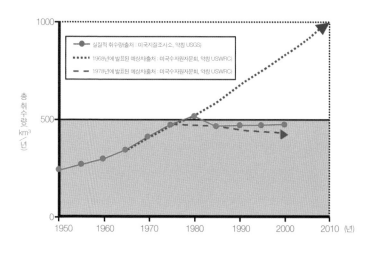

미국의 담수 취수량과 빗나간 예상 수치들

첫째, 연구 조사가 늘 중립적인 것은 아니기 때문이다. 연구 결과는 댐, 수로, 도수 관로 등을 건설하는 막대한 작업과 투자로 이어질 수도 있다. 공사를 맡고자 하는 기업들은 연구 결과의 숫자가 부풀려지길 바랄 것이고, 따라서 그것을 더욱 강요할 것이다.

둘째, 미래 사회에서 필요로 하는 수자원의 양이 매우 불확실하기 때문에 일부러 높은 수치를 예측하는 것이다. 이렇게 되면 조금 더 철저하게 미래를 준비할 수 있다는 것이다. 이 또한 과다한 예측의 원인일 수 있다.

높은 수치의 예측안은 각 국가들로 하여금 미래를 안정적으로 준비하게 하고 여론의 관심을 끌 수 있다. 하지만 정확한 근거 없이 너무 소란을 피워서는 안 된다. 우리는 종종 과거의 추세를 더 확대하는 식으로 미래를 예측했고 계속되는 인구 증가로 그런 경향은 더욱 심해졌다.

5

물 부족 위기를
피할 수 있을까?

수자원의 미래, 어떻게 대비해야 할까?

물 부족의 위험이 전 세계에 도사리고 있는 것은 아니다. 물론 그 위험이 점점 현실로 다가오고 있지만 사실 몇몇 특정한 나라와 지역에만 국한될 뿐이다. 그러한 나라나 지역은 물이 귀하고, 많은 물을 필요로 하며 물 수요가 계속 증가한다. 게다가 쓸 수 있는 물의 양보다 더 많은 양을 써 버리기도 한다. 따라서 수자원과 수요 간의 불균형이 점점 심해질 것이다. 왜 이런 현상이 초래되는 것일까?

첫째, 인구가 증가하고 경제가 발달할수록 지금보다 더 많은 물을 필요로 하기 때문이다. 따라서 물에 대한 수요는 계속 증가할 수밖에 없다는 결론이 나온다.

둘째, 공해와 낡은 관리 설비, 여러 가지 기후 변화로 인해 수자원이 감소할 수도 있다. 즉 수요는 늘고 수자원은 감소하면서 물 문제가 더욱 심각해지는 것이다.

모든 지역이 물 부족 문제에 시달리지는 않겠지만, 사실 이 문제는 현재 꽤 많은 지역에 집중적으로 영향을 미치고 있다. 세계 물 포럼˚을 통해서도 알 수 있듯이 물 부족 현상이 세계적인 문제가 되어 가고 있다는 사실을 놓쳐서는 안 될 것이다. 물 부족 현상은 이제 전 세계가 고민해야 할 생존의 문제로 확장되어 가고 있는 셈이다.

그렇다면 물이 고갈되는 사태를 막기 위해 우리가 해야 할 일과 또 실질적으로 할 수 있는 일은 무엇일까? 이에 대한 방법은 여러 가지로 논의되고 있다. 그러나 무엇보다 물 부족을 해결하는 데 있어서는 우리 모두의 적극적인 실천 자세가 필요할 것이다.

첫째, 물 부족 현상을 막기 위해서는 무엇보다 낭비를 없애

●　●　●

세계 물 포럼(World Water Forum) 물 부족의 심각성을 지적하고 공통의 해결 방안을 모색하기 위한 지구촌 최대의 물 관련 행사로, '세계 수자원 회의'라고도 한다. 정부, 전문가, 국제 비정부 기구, 일반 시민 등 각계각층의 사람들이 21세기 물 문제 해결을 논의하고, 그 중요성을 세계에 인식시키기 위한 활동을 하고 있다. '세계 물 회의(World Water Council)'에 의해 제창되어 3년마다 열리고 있다.

물 자원의 미래를 준비하자.

고 절약하는 습관이 중요하다. 그러기 위해서는 배수 및 급수 시설에서 생기는 손실을 최대한 줄여야 한다. 도시 상수도 시설에서 손실되는 물의 양은 전체의 3분의 1, 때로는 절반에까지 이른다. 따라서 가정에서는 물을 무분별하게 이용하거나 새어 나가지 않도록 늘 점검해야 한다. 우리는 잘 모르고 있지만 수도꼭지를 제대로 잠그지 않아서 새는 물이나 양치질을 하는 동안 수도꼭지를 그냥 틀어 놓아 흘려보내는 물 등이 수돗물 이용량의 10~20퍼센트나 차지하고 있다고 한다.

공업 용수로 사용된 물을 재활용하는 방법도 있다. 관개 시설 또한 조금 더 효율적으로 사용할 수 있도록 해야 한다. 국제 연합 식량 농업 기구*에 따르면, 관개 시설의 효율성이 세계적으로 평균 50퍼센트를 넘지 않는다고 한다.

농업 용수를 잘 관리하는 것도 중요하다. 농업 용수로 사용되는 물을 10퍼센트만 줄이면 우리가 마실 수 있는 물이 두 배로 늘어난다.

● ● ● ●

국제 연합 식량 농업 기구 개발도상국의 기근과 빈곤을 제거하기 위해 설립된 국제연합 전문 기구다. 1945년에 설립되었으며, 식량과 농산물의 생산 및 분배 능률 증진, 개발도상국 농민의 생활 개선, 이를 통한 세계 경제 발전에의 기여를 목적으로 한다. 세계 농업 발전의 전망을 연구하고 기술 원조 계획을 이행하는 등 여러 활동을 하고 있다.

또한 수자원을 여러 번 재활용한다면 막대한 양을 절약할 수도 있다. 물을 재활용하는 방법은 계속 개발 중이고 점차 널리 확장될 것이다. 이스라엘과 같은 몇몇 국가에서는 도시 하수를 정화 및 처리한 후 관개 용수로 다시 사용한다. 이집트의 관개 시설에서 나온 물도 그런 식으로 활용되고 있다.

중동과 같은 지역에서는 불공평하게 분포되어 있는 수자원을 공정하게 나누려고 노력해야 한다. 그러기 위해서는 여러 나라에 걸쳐 있는 지하수와 유역을 공동으로 잘 관리하고 그것을 각 국가로 운반하는 기술을 개발해야 할 것이다. 실제로 터키와 이스라엘은 바닷길을 통해 서로간에 물을 운반할 수 있게 되었다.

그러나 석유가 그렇듯이 '세계 물 시장'을 통해 온 세계가 물을 적절히 나눈다는 것은 자국의 이익만을 중요시하는 현대 사회에서는 꿈같은 일이다. 또한 석유처럼 물 자원을 해외에 의존하는 국가의 입장에서는 거리가 멀수록 물을 운반하는 데 드는 비용이 커질 수밖에 없는 난관에 부딪힐 것이다.

비록 물을 국제적으로 나눌 수는 없다고 해도 사실상 강수량이나 수자원이 풍부한 국가에서 생산된 농산물은 가상수°의 이송에 해당된다. 결국 물이 옮겨지는 것과 같다는 말이다. 오늘날 가상수의 이송은 그 규모가 매년 수조 세제곱미터에 달하며 계속해서 증가하고 있다. 그러나 이 경우 농산물을 수입하는 나라에서는 물 문제가 무역 문제로 옮겨져 수입과 지출의 균형에 상당한 영향을 미칠 수 있다는 위험 부담이 생긴다.

이밖에도 비료나 농약의 무분별한 사용은 수질을 오염시키고 있고, 도시화나 산림 벌채로 인해 유량이 점점 더 불규칙해지고 있다. 따라서 먼저 인간이 수자원을 얼마나 파괴시키고 있는지를 깨달아야 하며, 우리의 생명과 안전을 위해서라도 수자원을 지키는 방법들을 강구해야 할 것이다.

더 많은 수자원을 확보하는 데에는 바닷물에서 염분을 제거하여 담수를 생산해 내는 탈염 방식이 있다. 많은 수자원을 확보하기 위해서는 탈염 방식처럼 나라 사이의 교통이 필요 없는 '비통상적' 자원을 이용할 수 있어야 한다. 중동의 여러 나라와 스페인, 키프로스, 몰타 등 지중해 유럽 국가에서는 식수 생산을 위해 이미 이 방법을 이용하고 있다.

탈염 방식이 널리 보급된 것은 거기에 드는 비용이 크게 줄

● ● ●

가상수 식량 생산에 필요한 물을 의미한다. 직접적이 아닌 간접적인 소비이기 때문에 '가상'이라고 부른다. 예를 들어 농산물을 수입할 때 직접적으로 물을 수입한 것은 아니지만 농산물을 생산하는 데에 필요한 물을 수입한 것과 마찬가지일 수 있으므로 가상수라는 말을 쓴다.

었기 때문이다. 그러나 멀리 보았을 때는 이러한 산업적인 해결책으로 인해 '물 문제'는 에너지 문제로 전이될 수도 있을 것이다.

물 부족 위기의 대안은 없을까?

전 세계의 많은 국가들이 수자원을 보호하려고 노력하고 있지만 수자원을 본래의 상태로 완벽하게 돌려놓기란 쉽지 않은 일이다. 그러나 미래는 정해져 있는 것이 아니다. 우리는 분명 '물 부족 위기'를 피해 갈 수 있다. 그것은 우리가 어떻게 행동하느냐에 따라 결과가 달라지기 때문이다.

앞에서 살펴보았듯이 우리는 여러 가지 대안들을 가지고 있다. 그 해결책들을 적절히 실행해 나간다면 우리는 물 부족 위기에 잘 대응할 수 있을 것이다. 그러려면 무엇보다 자원이 어떻게 변화해 갈 것인지 예측하고, 미래의 위기에 대응하기 위해 수자원에 대한 관심과 연구를 계속해야 할 것이다. 지금의 작은 노력으로 미래의 큰 위기를 벗어날 수 있기 때문이다.

더 읽어 볼 책들

- 김소희, 『생명시대』(학고재, 1999).

- 김승 외, 『water for our future』(에코리브르, 2004).

- 이상훈, 『청소년 환경교실』(따님, 2002).

- 이한구, 『재미있는 물 이야기』(현암사, 2004).

- 반다나 시바, 이상훈 옮김, 『물전쟁』(생각의나무, 2003).

- 후지타 고이치로, 이동진 옮김, 『좋은 물 나쁜 물』(동방미디어, 2001).

논술·구술 시험은 논리적이고 종합적인 사고를 요구한다. 다음에 제시된 문제는 이 책의 주제와 연관이 있는 논술·구술 기출 문제이다. 이 책을 통하여 습득한 과학적 지식과 원리, 입체적이고 논리적인 접근 방식을 활용하여 스스로 문제에 답해 보자.

▶ 물이 부족한 이유와 해결 방안을 제시해 보라.

▶ 물의 쓰임새와 특성에 대해 아는 대로 설명하라.

옮긴이 | 이수지

숙명여대 불문과 재학 중 프랑스로 유학, 파리 5대학에서 언어학 박사 과정을 수료했다. 현재 전문 번역가로 활동 중이다.

민음 바칼로레아 37

물 부족 시대가 정말로 올까?

2판 1쇄 펴냄 2021년 3월 30일
2판 5쇄 펴냄 2024년 8월 8일

1판 1쇄 펴냄 2006년 7월 31일

지은이 | 바즈켄 앙드레아시앙, 장 마르가
감수자 | 이강근
옮긴이 | 이수지
발행인 | 박근섭
펴낸곳 | ㈜민음인

출판등록 | 2009. 10. 8 (제2009-000273호)
주소 | 06027 서울 강남구 도산대로 1길 62 강남출판문화센터 5층
전화 | 영업부 515-2000 **편집부** 3446-8774 **팩시밀리** 515-2007
홈페이지 | minumin.minumsa.com

도서 파본 등의 이유로 반송이 필요할 경우에는 구매처에서 교환하시고
출판사 교환이 필요할 경우에는 아래 주소로 반송 사유를 적어 도서와 함께 보내주세요.
06027 서울 강남구 도산대로 1길 62 강남출판문화센터 6층 민음인 마케팅부

한국어판 © (주)민음인, 2006. Printed in Seoul, Korea
ISBN 979 11-5888-799-5 04000
ISBN 979 11-5888-823-7 04000(set)

㈜민음인은 민음사 출판 그룹의 자회사입니다.